Les Globe-croque

NATHALIE TORDJMAN

DES JARDINS À CROQUER

Illustrations de
OLIVIER LATYK

ACTES SUD JUNIOR

Son

I

LES LÉGUMES ET LES FRUITS DANS TOUS LEURS ÉTATS

II

TOUTE UNE ANNÉE AU POTAGER

ISBN 2-7427-3073-7

Loi 49-956 du 16 juillet 1949
sur les publications destinées à la jeunesse

III
LES COULISSES DU POTAGER

IV
L'HISTOIRE DES LÉGUMES ET DES FRUITS

Savez-vous planter les choux ?

 Que ceux qui ont déjà planté des choux 
ou cueilli des haricots verts et des  fraises dans 
 un jardin  lèvent le doigt !...
Vous n'êtes pas nombreux !  Aujourd'hui
 plus qu'hier,  les légumes et les fruits
arrivent dans nos  assiettes sans
que l'on  sache vraiment d'où ils 
viennent. Les fraises, pas plus que
 les haricots verts,  ne poussent
 sur des arbres. 

Et si l'on peut cueillir des fruits  sur les mêmes

  fraisiers plusieurs années de suite, 

il faut semer des  graines de haricots

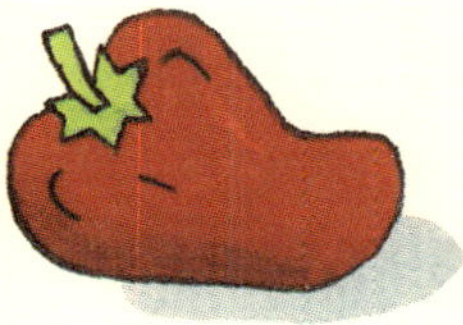 chaque printemps pour en 

récolter quelques mois plus tard.

Des légumes et des fruits,   il en existe une

centaine  de sortes. Ils offrent des textures,

 des odeurs et des goûts variés. 

Mais surtout, ils ont des formes et des couleurs

différentes,   cela permet de les

reconnaître, de savoir ce que l'on mange, et leurs

 jolies couleurs facilitent la digestion. 

I

LES LÉGUMES ET LES FRUITS DANS TOUS LEURS ÉTATS

Viens à table !

Du matin au soir, les légumes et les fruits sont au rendez-vous de nos menus. Les fruits peuvent être servis à tous les repas, y compris au petit déjeuner et au goûter, mais les légumes, par tradition, ne sont consommés qu'au déjeuner et au dîner. Pour être agréables à l'œil et au palais, mais aussi pour être plus facilement digérés, les fruits et les légumes sont préparés et assaisonnés. Crus ou cuits, salés ou sucrés, entiers ou coupés, tu les croques, de l'entrée au dessert, car ils sont indispensables à ta santé. Bon appétit !

Le jus d'orange

Il faut le boire au plus tard 10 minutes après avoir pressé l'orange, car ses vitamines se détruisent à l'air et à la lumière.

Les pommes de terre

Elles contiennent de l'amidon qui est indigeste cru. Elles se font cuire, à l'eau, à l'huile ou au four. Avec 100 grammes de pommes de terre crues, on obtient 44 grammes de frites grasses.

Les carottes

Crues, elles se préparent râpées, avec un jus de citron pour ne pas noircir. On dit qu'en manger rend aimable et donne les fesses roses ! En fait, les carottes, c'est bon pour les intestins et si on en mange énormément, la peau blanche devient orangée !

Les haricots verts

Ils se mangent toujours cuits, mais ils peuvent être servis froids en salade.

Des légumes ? Oui merci !

Voici cinq bonnes raisons de manger des légumes et des fruits frais chaque jour :

1 – Ils apportent de l'eau, toujours potable, à ton corps. Croquer une pomme, c'est comme boire un verre d'eau.

2 – Ils te fournissent de façon naturelle de la vitamine C. En effet, ton corps est incapable de la fabriquer ; pourtant, elle est utile pour résister aux maladies.

3 – Ils t'apportent des fibres. Elles ne sont pas digérées mais elles aident les autres aliments à avancer dans tes intestins.

4 – Ils ravitaillent ton corps en éléments essentiels comme le calcium, le magnésium et le fer.

5 – Ils sont tout simplement délicieux !

Le yoghourt aux fruits rouges

Fraises, framboises, groseilles représentent 10 % du yoghourt. Le reste est composé de lait fermenté, brassé avec du sucre, des colorants et des arômes.

Le ketchup

Il est fabriqué avec des tomates cuites, réduites en purée et concentrées. On y ajoute du vinaigre, du sel, des épices et du sucre.

RECETTE

Un artichaut à la coque

- *1 artichaut*
- *sauce vinaigrette*

Pose l'artichaut cuit sur une assiette. Écarte les feuilles en commençant par l'extérieur. Puis arrache les plus fines qui forment un petit chapeau au centre. Retire ensuite le foin. Verse au centre de la vinaigrette et passe à table. Mange les feuilles en commençant par celles du centre. Elles ont juste ce qu'il faut de vinaigrette.

Une fleur dans ton assiette

Sais-tu que la partie de l'artichaut que l'on mange est une fleur, comme une marguerite verte ? C'est une capitule. Elle réunit de fines fleurs, "le foin", protégées par des écailles charnues, "les feuilles", sur un réceptacle charnu, "le cœur". Chez la marguerite, les écailles sont blanches, les fleurs sont jaunes et le réceptacle est vert !

Va faire les courses !

Pour acheter des fruits et des légumes, six fois sur dix, tu vas au supermarché. Là, tu les trouves au rayon des produits frais. Tu peux les acheter en vrac et prendre la quantité que tu désires ou choisir des barquettes ou des sacs déjà pesés. Les fruits et les légumes sont aussi présents dans bien d'autres rayons. Dans les congélateurs, ils sont déjà lavés, épluchés et parfois même cuisinés. Au rayon des conserves, ils sont déjà cuits dans leur boîte. Tu peux enfin les retrouver aux rayons des boissons, des produits laitiers, des apéritifs, des bonbons, des gâteaux et des confitures.

RECETTE

La tarte à la carotte

- *600 g de carottes*
- *1 œuf*
- *1 cuillère à soupe de crème fraîche*
- *1 cuillère à soupe de miel*
- *300 g de pâte brisée*

Prends les carottes. Lave-les bien et coupe-les en morceaux. Fais-les cuire dans une casserole avec de l'eau frémissante pendant dix minutes. Égoutte les carottes et écrase-les pour en faire une purée. Ajoute un œuf, une cuillerée à soupe de crème fraîche épaisse et une autre de miel. Mélange bien. Étale environ 300 grammes de pâte brisée dans un moule à tarte. Garnis-le avec la purée de carottes et fais cuire dans un four (th. 7) pendant 40 minutes. Sers ta tarte tiède. En entrée ou en dessert !

Un sac de pommes de terre en frites surgelées

Les frites sont passées dans l'eau bouillante avant d'être rapidement congelées à une température de - 30 °C. Elles se conservent ainsi plusieurs mois à - 18 °C.

Des vitamines pour avoir la pêche !

Nous devons chaque jour approvisionner notre corps en vitamines ; il ne sait ni les fabriquer, ni les stocker. Et si on en manque, on tombe malade.
Pourtant, il suffit souvent d'en absorber quelques millièmes ou millionièmes de gramme par jour. Les fruits et les légumes apportent presque toutes les vitamines, exceptées les vitamines D et B7, rares dans les végétaux.
Tous ne contiennent pas les mêmes vitamines, ni la même quantité : le radis noir contient cinq fois plus de vitamine C que le radis rose, la laitue apporte de la vitamine E et la carotte de la vitamine A. Les vitamines sont fragiles et n'aiment ni la chaleur, ni la lumière, ni l'eau. Après la récolte, un fruit ou un légume doit être consommé rapidement.

Un litre de jus d'orange

Il faut plus de 2,5 kilos d'oranges pour faire un litre de jus !

Un sac de salade épluchée

Épluchées, lavées et coupées, les feuilles sont enfermées avec un gaz spécial pour ne pas noircir.

Une boîte de haricots verts

Les haricots sont lavés, épluchés et cuits dans la boîte. Ils contiennent encore 60 à 90 % de leurs vitamines. Ils se conservent pendant 3 à 5 ans, car la cuisson détruit les germes qui les feraient pourrir à l'air.

C'est le jour du marché

Au marché, les fruits et les légumes sont vendus crus, au kilo, à la pièce ou à la botte. Certains, comme les pommes de terre, les pommes, les bananes et les oranges, sont présents tout au long de l'année. La plupart n'apparaissent que pendant quelques semaines, au moment de leur récolte. Ainsi les étals de marché changent-ils au fil des saisons. C'est parfois le producteur de légumes qui vient lui-même vendre ses récoltes.

Les épinards

On les appelle épinards "en branches". En fait, ce sont les feuilles qui sont vendues en vrac. Comme elles se ratatinent à la cuisson, il faut en acheter un gros paquet, environ un kilo, pour 4 personnes. Les jeunes feuilles peuvent se manger crues, en salade.

Les haricots verts

Les haricots verts fins sont appelés haricots-filets. Ils sont cueillis jeunes pour ne pas avoir de fils. Les haricots mange-tout, plus charnus, sont récoltés plus mûrs.

Les poireaux

Il en existe 200 variétés qui approvisionnent nos étals toute l'année.

Les bettes

On les appelle aussi poirées ; elles appartiennent à la même famille que les betteraves. On vend la plante entière sans sa racine. Ses feuilles sont comestibles, mais l'on consomme surtout ses gros "pétioles", les côtes de bette. À ne pas confondre avec les côtes de porc !

RECETTE

Spaghettis de courgette

- *1 courgette de taille moyenne par personne*
- *ail*

Choisis quelques courgettes bien fermes. Lave-les et coupe chaque extrémité. Sans les éplucher, râpe-les dans le sens de la longueur avec une râpe à gros trous. Avec l'aide d'un adulte, fais cuire immédiatement les spaghettis dans une poêle. Sale, poivre et mets quelques petits morceaux d'ail. Mélange régulièrement tes spaghettis de courgette pour qu'elles ne brûlent pas. Fais-les cuire au plus dix minutes et sers-les immédiatement.

Popeye est un menteur !

Ce n'est pas le fer contenu dans les épinards qui le rend si fort ! En effet, l'épinard n'est pas très riche en fer ; le persil en contient bien plus. Le fer est indispensable à notre santé. Quand on en manque, on se sent faible, on dit qu'on est anémié. Car le fer aide à la circulation de l'oxygène dans le sang. Pourtant, il ne suffit pas d'absorber un aliment riche en fer pour que notre corps l'assimile ; sinon, on pourrait sucer des clous ! Notre corps garde peu le fer des végétaux, en revanche il fixe mieux celui venant de la viande ou du poisson.

Les pommes de terre

Elles sont vendues en vrac, sans être lavées. Certaines variétés s'écrasent à la cuisson, c'est bien pour la purée ; d'autres restent fermes, c'est bien pour les frites.

La rhubarbe

Ce sont les pétioles des feuilles qui sont vendus au kilo ou en botte.

Les cerises

Elles sont présentes de mi-mai à mi-juillet. Il y en a des rouges, des roses et même des jaunes.

Les carottes en botte

Elles sont vendues avec leurs fines feuilles, les fanes.

En route vers les halles

Les légumes et les fruits arrivent du monde entier, par camion, par train ou par avion. Ils voyagent dans des caisses en carton ou des cageots en bois, après avoir été triés. Sur chaque caisse, une étiquette indique la variété, le calibre et le pays d'origine du produit, ainsi que le nom du producteur. Elles sont regroupées dans de grandes halles où viennent s'approvisionner des marchands ou des distributeurs qui vont ensuite livrer les produits aux marchands. En France, 40 % des légumes sont importés de l'étranger. Un fruit sur deux récolté en Europe traverse au moins une frontière avant d'arriver sur notre table.

RECETTE

Un apéritif au kiwi

- *2 kiwis*
- *10 cl de lait*
- *10 cl de crème fraîche*
- *3 cl de sirop de mangue*
- *de la glace pilée*

Épluche les kiwis, mets-les dans un mixer avec la crème, le sirop de mangue et le lait. Ajoute 2 cuillères à soupe de glace pilée et mixe. Sers dans un verre ballon décoré de tranches de kiwi, de cerises confites et d'une paille.

Les avocats

D'octobre à avril, ils viennent d'Israël, d'Espagne ou du Mexique. Au printemps et en été, ils arrivent d'Afrique du Sud. Ils sont récoltés sur l'arbre avant d'être mûrs et ils sont encore durs à l'arrivée.

La peau, un emballage naturel

La peau des légumes et des fruits protège la chair des bactéries et des champignons. Elle repousse les attaques des insectes. Elle permet à la plante de respirer, sans perdre son eau. Enfin, elle est souvent riche en vitamines. C'est pourquoi il faut la manger chaque fois que c'est possible.
Et il faut prendre soin de bien laver les fruits et les légumes pour éliminer les traces de traitements chimiques qu'ils ont subis. Une fois lavés, il est inutile d'éplucher les concombres, les aubergines, les courgettes, les brocolis, les choux-fleurs, les artichauts et les fenouils. Il faut en revanche éplucher les pommes de terre, l'ail, l'oignon, les oranges et les kiwis, dont la peau est immangeable ou même toxique.

Les fraises

À Noël, les fraises arrivent par avion de l'hémisphère Sud, où c'est l'été. Au printemps, en mars, les premières viennent du Maroc.

Les tomates

Elles arrivent du Maroc entre janvier et mars, d'Espagne entre novembre et mars, des Pays-Bas entre avril et août, et de France pendant l'été. Chaque Français en consomme 11 kilos par an.

Les haricots verts

De décembre à mars, ils viennent du Kenya, en avril du Maroc, puis en mai d'Espagne. L'été, ils sont récoltés en France où 250 tonnes sont mises en boîte ou surgelées chaque année.

Les bananes

En France, elles arrivent des Antilles ou d'Afrique. Elles sont cueillies vertes et transportées par bateau dans des cales fraîches à 13 ou 14 °C. Elles sont ensuite mises à mûrir avant d'être vendues.

Les litchis

Du 15 novembre au 15 janvier, ils sont récoltés à Madagascar, à la Réunion, à l'île Maurice et en Afrique du Sud. Ils voyagent par avion.

Des légumes en plein champ

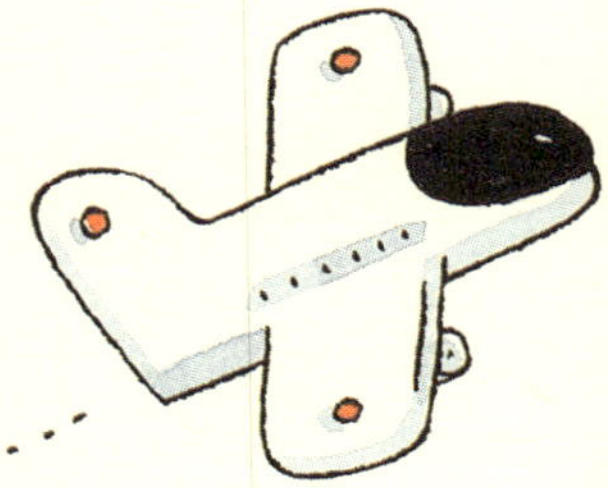

Autrefois, les légumes étaient cultivés à proximité des villes, dans une terre facile à travailler et toujours humide. Ces terrains consacrés à la culture des légumes s'étendaient sur des zones de marais. Le cultivateur de légumes en plein champ fut alors appelé un maraîcher et sa production qualifiée de maraîchère. Aujourd'hui, les constructions des villes ont recouvert ces terrains fertiles, le chemin de fer a facilité le transport des marchandises. Les fruits et les légumes sont cultivés en plein champ avant d'être récoltés et vendus. Même loin des marais, cette culture est toujours appelée maraîchère.

Les salades

Les petits plants de salades sont mis en terre un par un, en ligne, par une machine, mais les grosses salades sont récoltées à la main, le matin, et livrées dans la journée. Deux laitues sur cinq sont cultivées à l'abri de tunnels plastiques.

Les concombres

Plus d'un million de tonnes de concombres sont récoltés chaque année en France, presque tous à la main et sous abri.

RECETTE

La soupe de fraises

• 500 g de fraises
• 2 oranges

Prends de belles fraises bien mûres. Passe-les rapidement sous un filet d'eau fraîche. Retire ensuite les "queues" qui sont en fait les traces du calice et du pédoncule de la fleur. Coupe les fraises en tranches et place-les dans un saladier. Lave bien deux oranges. Pèle la peau d'une orange pour garder le zeste, sans la partie blanche. Coupe ce zeste en fines lamelles et mélange-le aux fraises. Extrais ensuite le jus des deux oranges puis verse-le sur les fraises. Mets la soupe de fraises au frais avant de la servir.

Des légumes de saison

Les légumes cultivés à l'extérieur sans abri suivent un développement naturel, en fonction de la saison. Voici, mois par mois, les légumes récoltés en France :

JANVIER ET FÉVRIER : chou, navet, poireau, mâche.
MARS : radis, épinard.
AVRIL : carotte primeur, asperge, navet nouveau, épinard, petit pois.
MAI : artichaut, pomme de terre, petit pois, épinard, salade.
JUIN : artichaut, pomme de terre, haricot vert, petit pois, courgette, salade.
JUILLET : artichaut, pomme de terre, courgette, haricot vert et à écosser, tomate.
AOÛT : artichaut, pomme de terre, haricot à écosser, tomate, aubergine, courgette, salsifis.
SEPTEMBRE : artichaut, pomme de terre, haricot à écosser, tomate, aubergine, courgette, salsifis, poivron, carotte.
OCTOBRE : pomme de terre, tomate, aubergine, courgette, salsifis, poivron.
NOVEMBRE : chou, épinard, pomme de terre.
DÉCEMBRE : chou, épinard.

Les carottes

Il existe plus d'une centaine de variétés de carottes. Le maraîcher choisit des variétés différentes pour vendre ses carottes fraîches ou pour les mettre en boîte.

Les fraises

Sous abri ou en plein air, elles sont récoltées à la main, tôt le matin. Les cueilleurs viennent plusieurs fois sur les mêmes fraisiers pour récolter les fruits mûrs à point. En tout, plus de 80 000 tonnes de fraises sont récoltées chaque année en France.

Les radis

Ils sont sortis du sol à la main puis aussitôt ficelés en botte. Ils sont ensuite trempés dans l'eau pour retirer toute trace de terre.

Les petits pois

En France, ils sont cultivés sur 35 000 hectares environ, en plein champ. Ils sont semés, traités et récoltés par plusieurs machines. La dernière arrache les plants et trie les gousses de petits pois.

Dans le jardin potager

Les légumes et les fruits qu'on y récolte sont consommés directement en famille, sans passer entre les mains des marchands. Son nom vient du mot "potage", qui était autrefois un plat d'aliments cuits dans un pot avec un liquide, par opposition aux aliments rôtis. Ces aliments du pot étaient souvent des poireaux, des carottes et des haricots secs, mais ils n'étaient pas toujours servis en soupe. De nos jours, il y a en France environ huit millions de potagers qui couvrent au total 270 000 hectares.

La fête des jardiniers

C'est le 22 septembre, le jour de la Saint-Fiacre. Au VIIe siècle, un moine irlandais, Fiacre, est venu s'installer en France. Pour nourrir les pèlerins de passage dans son ermitage, il eut besoin de terre. L'évêque de Meaux lui accorda la portion de terrain qu'il serait capable d'entourer d'un fossé en une journée. La légende raconte que Fiacre planta juste un bâton dans le sol et que, par miracle, le fossé se creusa tout seul ! Sur cet immense champ, Fiacre dessina un jardin et, sans bêche ni râteau, récolta les plus beaux des légumes.

Des potagers sans maison

Ce sont des jardins familiaux. Ils existent depuis plus d'un siècle. Autrefois, ils s'appelaient "jardins ouvriers", parce qu'ils avaient été créés pour permettre aux ouvriers des usines d'occuper leur temps libre en jardinant. Ils sont souvent situés près des grandes villes, parfois au pied d'immeubles. Chaque parcelle est suffisamment grande pour que les récoltes profitent à une famille. Et comme les parcelles se touchent, ces jardins sont des lieux de rencontre, d'entraide et d'échange entre jardiniers.

Qu'est-ce qu'une jardinière ?

Selon le contexte et les époques, une jardinière est :
– Une femme qui cultive un jardin.
– Un insecte aux reflets métalliques, le carabe doré, qui se nourrit de limaces.
– Un meuble sur lequel on pose des pots de fleurs.
– Un bac fleuri, aussi appelé une balconnière.
– Un plat de légumes : carottes, haricots, navets coupés en dés, petits pois…
– Une femme qui travaille dans un jardin d'enfants !

RECETTE

Salade d'épinards aux fleurs

- *300 g d'épinards*
- *1 laitue*
- *4 fleurs de soucis, de pois de senteur ou de capucines*

Choisis des jeunes feuilles d'épinards tendres. Épluche une laitue. Lave toutes les feuilles entières sous un filet d'eau fraîche sans les laisser tremper. Puis égoutte-les dans un torchon propre. Lave les fleurs sans les froisser et laisse-les égoutter sur un papier absorbant. Dans un saladier, prépare une vinaigrette avec une cuillère de moutarde ou de levure de bière, une cuillère de vinaigre, trois cuillères d'huile d'olive, du sel. Place les feuilles de salade et d'épinard dessus. Au moment de servir, mélange la salade avec la vinaigrette et parsème avec les pétales de fleurs.

Des légumes sans jardin

Beaucoup de légumes peuvent pousser dans des bacs ou des pots à condition qu'ils aient au moins 30 cm de profondeur. Les radis se récoltent en 20 jours, les salades en 8 semaines, les haricots en 4 mois. Le thym, le romarin, le laurier et la sauge sont des plantes aromatiques qui peuvent vivre dans une grande jardinière.

II

TOUTE UNE ANNÉE AU POTAGER

V'là beau temps, v'là joli temps

Quand arrive la fin de l'hiver, le jardinier ne reste pas les deux pieds dans le même sabot. Avant même le retour des hirondelles, il commence ses travaux de saison. Il guette le bon moment pour mettre en terre les graines et les jeunes plants. Chaque plante a ses exigences. Mais il ne doit pas trop se presser, car les gelées d'avril ou de mai peuvent être fatales aux nouvelles pousses. Alors le soir, quand un coup de froid s'annonce, le jardinier couvre ses jeunes plants d'un voile de plastique ou de feuilles mortes. Le matin, il les découvre pour qu'ils captent la chaleur du soleil. Oui, le jardinier est patient. C'est son secret pour récolter !

Les asperges

Le jardinier place les racines d'asperge au fond d'une tranchée en mars. Il doit attendre le mois de mai, trois ans plus tard, pour cueillir ses premières belles asperges. Il les sort du sol dès que le haut d'un bourgeon pointe en surface.

L'artichaut

C'est le cousin du chardon sauvage et du cardon. À la fin de l'hiver, le jardinier retire la paille qui a protégé la touffe d'artichaut pendant l'hiver. L'artichaut développe alors de nouvelles feuilles découpées, longues d'un mètre.

Les carottes

Au début de mars, le jardinier sème en pleine terre les graines de carottes. Il arrache ensuite certaines jeunes pousses pour que les autres aient la place de se développer. On dit qu'il les éclaircit.

Les fraisiers

Ils ont passé l'hiver au jardin à 30 cm les uns des autres. Autour d'eux, le jardinier a couvert la terre nue de paille ou de plastique noir. Dès le mois de mars, les fraisiers se couvrent de fleurs blanches.

Dans chaque graine, un secret

Si tu soulèves l'enveloppe d'une graine de haricot ou de tournesol, tu verras deux gros sacs blancs. En les écartant, tu découvriras une plante miniature. Ce tout petit embryon détient un secret : il possède toutes les informations pour devenir, selon les graines, haricot, tournesol, chou, radis ou pois. L'embryon puise sa nourriture dans les sacs et développe des racines et des feuilles qui lui permettront de se nourrir seul. On dit que la graine germe.
Certaines graines, comme la ciboulette ou le persil, ne sont capables de germer que pendant un an ou deux, alors que celles des tomates se conservent pendant 4 à 5 ans et celles de la chicorée pendant 10 années. Les graines de coquelicot sont plus résistantes : elles peuvent germer pendant 40 ans !

Les haricots

Le jardinier les sème quand la température dépasse 10 °C. En 6 à 9 jours, les haricots sortent de leurs graines. Ce ne sont pas des feuilles qui apparaissent, à l'extrémité de la tige, ce sont les deux cotylédons pleins de nourriture.

La rhubarbe

Le jardinier coupe à la base du pied de rhubarbe quelques énormes feuilles en forme de cœur. Elles sont toxiques mais leur pétiole rouge, long de 30 à 40 cm, se mange à condition de le faire cuire. Car cru, il est très acide et astringent.

EXPÉRIENCE

Bonne graine ou mauvaise graine ?

S'il te reste des graines de l'an dernier, tu dois les tester avant de les semer. Places-en une dizaine, par exemple, entre deux feuilles de papier absorbant humide. Au bout de quatre jours, compte combien ont germé. S'il y en a plus de cinq, tu peux mettre les graines restantes en terre. Une autre façon de tester les graines est de les mettre dans un verre d'eau. Au bout de 24 heures, tu peux semer celles qui ont coulé au fond du verre. Celles qui flottent sont bonnes à jeter car elles ont probablement été grignotées par des insectes.

Grosses chaleurs au potager

En été, presque tout le sol du potager est couvert de végétation. Baignées de soleil, les plantes grandissent vite. Les potirons et les petits pois risquent d'envahir les autres plantations. C'est aussi la saison des récoltes. Les haricots sont prêts à passer à la casserole. Le jardinier en cueille tous les jours pour qu'ils soient tendres et sans fils. Au passage, il ramasse les fraises mûres à point. Et sous le soleil, les plantes, comme le jardinier, transpirent. Il faut alors arroser, à moins qu'un orage ne s'en charge ; mais cela fait monter les salades et pourrir les fraises. Le travail du jardinier dépend des caprices de la météo.

Les asperges

Les dernières asperges sont trop dures pour être mangées. Le jardinier les laisse pousser. Elles déploient sur plus d'un mètre de haut de fines feuilles et de petites fleurs vert jaunâtre.

Les courgettes

Le jardinier peut récolter les fleurs mâles pour les manger farcies ou en salade. En effet, seules les fleurs femelles deviendront des fruits.

Les haricots

Le jardinier les a plantés en cercle autour d'un pieu central. Ainsi, ils ne font pas trop d'ombre aux plantes voisines. Deux mois après le semis, il peut les récolter.

Le potiron

Le jardinier prépare Halloween en juin ! C'est la date limite pour mettre en terre les grosses graines de potiron. Quand les fruits sont formés, le jardinier n'en garde que 3 ou 4 par pied pour qu'ils grossissent bien.

EXPÉRIENCE

Un potiron à ton nom

Après la floraison du potiron, guette la formation des fruits. Quand ils sont gros comme une orange mais verts, choisis-en un. À l'aide d'un clou, grave ton nom sur sa peau en restant bien en surface pour ne pas attaquer la chair.

Au moment de la récolte, ton nom apparaîtra en géant sur le potiron. En effet, en grossissant, la peau du potiron va cicatriser la blessure faite par le clou. Sur les autres potirons, tu peux dessiner avec le clou les yeux, le nez, la bouche et les sourcils d'une sorcière !

Les fraisiers

Sur chaque plant, le jardinier récolte, selon les variétés et les années, 500 à 800 grammes de fraises ! Malgré les apparences, les fraises ne sont pas les fruits de la plante, au sens botanique. Les vrais fruits sont les minuscules grains qui craquent sous la dent.

La rhubarbe

Le jardinier n'a pas coupé la touffe centrale. Elle développe une énorme fleur, haute de 1,50 mètre, et est formée de plusieurs grappes de petites fleurs blanches.

La laitue

Si le jardinier ne récolte pas à temps une salade, elle "monte". Une tige apparaît en son centre portant à son extrémité de petites fleurs jaune pâle.

Aimes-tu la verdure ?

La salade est souvent verte, les épinards, les haricots, les petits pois, les choux, les courgettes, aussi. Cette couleur vient de petits grains, la chlorophylle, logés dans les cellules des plantes. Ces pigments verts captent l'énergie de la lumière du soleil indispensable à la fabrication de la nourriture des plantes. Ainsi les plantes, qui se ravitaillent en eau dans le sol et en dioxyde de carbone dans l'air, fabriquent leur nourriture par toutes leurs parties exposées au soleil. C'est pourquoi les légumes qui proviennent des feuilles, des tiges et parfois des fruits, sont verts. Par contre, les légumes qui sont les parties souterraines de la plante ne sont pas verts. À l'abri de la lumière, le radis est noir ou rose, la betterave rouge, la carotte orange ou jaune, l'oignon blanc ou la pomme de terre jaune.

Le jardin aux mille couleurs

Au début de l'automne, les fleurs sont moins nombreuses et les plantes cessent de pousser. Mais le jardin est très coloré. Les fruits mûrs l'éclairent de taches rouges, violettes, jaunes ou orangées, puis les feuilles prennent peu à peu les couleurs du feu, avant de tomber. Le jardinier les ramasse comme un trésor précieux qui pourra enrichir ou protéger sa terre. Il rentre ses dernières récoltes avant que le gel ne les flétrisse. Déjà le jardinier prépare l'avenir. Il repique des poireaux et sème des salades pour l'hiver. Et surtout, il nettoie et prépare le terrain pour le printemps

Les asperges

Les tiges jaunissent et dessèchent. Les fleurs ont fané et ont laissé la place à des baies bien rouges.

L'artichaut

Le jardinier a laissé un artichaut fleurir sur la touffe. Les "feuilles" s'écartent et au centre le "foin" prend une couleur violette. Il n'est plus mangeable !

La mâche

Le jardinier sème de fines graines de mâche entre les plants de chou.

Les potirons

Le jardinier place ses potirons sur de la paille pour qu'ils ne pourrissent pas au contact du sol humide. Ils sont énormes. Un seul peut peser 20 à 40 kilos. Le record revient à une citrouille monstrueuse récoltée au Canada en 1994. Elle pesait 445 kilos !

Qu'est-ce qui fait rougir les tomates ?

**Sûrement pas le jardinier qui se déshabille devant elles, comme l'explique Toto !
Si tu as des tomates encore vertes en septembre, retire les feuilles sur les plants pour qu'elles profitent des derniers rayons de soleil. Tu peux aussi les cueillir et les poser au pied d'un mur exposé au sud.
Pour qu'elles rougissent en quelques jours, emballe-les une à une dans du papier journal, qui sert d'isolant et conserve la température ambiante.
Tu peux aussi les placer dans un plat avec des pommes ou des bananes bien mûres : quand un fruit commence à mûrir, il émet un gaz, l'éthylène, qui accélère sa maturation et celle de ses voisins. On peut ainsi faire mûrir des avocats verts en les enfermant dans un sac avec des pommes ou des bananes bien mûres.**

Les oignons

Le jardinier les arrache le matin quand la terre est sèche. Il les laisse couchés sur le sol pour qu'ils "ressuient". Ainsi, bien secs, ils se conserveront mieux.

Les choux de Bruxelles

Le jardinier repique des plants de choux qui n'ont que 3 ou 4 feuilles.

Les poireaux

Le jardinier met en place de jeunes plants de poireaux gros comme des crayons. Il prend soin de les espacer de 10 cm.

EXPÉRIENCE

La peinture aux légumes

Les légumes sont pleins de couleurs. Avec des pelures sèches d'oignons trempées dans très peu d'eau tiède, tu obtiendras un liquide jaune pâle. Des feuilles d'épinards frais ou du vert de poireaux écrasés au pilon, tu extrairas un jus vert. Enfin, prends une betterave rouge crue ou cuite. Râpe-la et presse-la pour faire sortir du jus. Voilà, tu disposes de trois couleurs pour dessiner. Cette peinture naturelle s'assombrit en séchant. Tu trouveras du rose dans la framboise, de l'orange dans la carotte, du violet dans le chou rouge, du noir dans la mûre. Mais il te manquera toujours le bleu ciel qui n'existe ni dans les fruits ni dans les légumes !

Le repos du potager

Les plantes du potager ont pris leurs quartiers d'hiver. La plupart ont abandonné leurs feuilles fragiles pour mieux résister au froid. Certaines dorment sous le sol. Le jardin vide paraît immense. Tout semble mort, mais sous cet apparent sommeil, le potager reprend des forces. Le jardinier passe moins de temps dehors, mais il a toujours du travail. Il nettoie ses outils, les répare et les range à l'abri des intempéries. Il dessine le plan de ses cultures pour le printemps prochain. Il consulte les catalogues, commande des graines.

L'artichaut

Le jardinier coupe les feuilles mortes à quelques centimètres au-dessus du sol. Lors des grands froids, il couvre la touffe de paille ou de fougères.

La mâche

De novembre à avril, le jardinier récolte ses feuilles pour la salade en les coupant au ras du sol.

Les choux de Bruxelles

Ils résistent aux grands froids et même au gel. Le jardinier récolte les petits choux le long de la tige en commençant par le bas. Ce sont en fait des bourgeons de feuilles très serrées.

La neige abîme-t-elle le jardin ?

Le froid n'est pas l'ennemi du jardin. Le gel émiette les mottes de terre et un petit coup de frais prépare les graines à germer. Beaucoup de plantes poussent moins bien après un hiver trop doux. Une bonne couche de neige protège les racines des plantes des gels trop profonds. Et puis la neige apporte toujours un peu d'azote. En effet, en tombant lentement, la neige se charge d'azote dans l'air puis le libère en fondant dans le sol. Elle fournit ainsi aux plantes l'azote favorable à leur croissance qu'elles sont, pour la plupart, incapables de capter dans l'air. Le jardinier laisse donc la neige couvrir son jardin sans la piétiner, ni la ramasser. Il observe les endroits où elle fond le plus vite. Il pourra y placer au printemps les plantes les plus frileuses, car la terre, mieux exposée, y est plus chaude.

Les poireaux

Le jardinier vient les récolter au fur et à mesure de ses besoins. Quand le sol est gelé, il ne peut pas les arracher.

La rhubarbe

Elle a perdu toutes ses feuilles. Dans le sol, ses racines ne craignent pas le gel.

EXPÉRIENCE

Des salades à la cave

Les endives n'ont pas besoin de soleil ni de jardin pour pousser. Ce sont les bourgeons d'une plante, la chicorée. Tu peux acheter des racines de chicorée chez un grainetier ou t'en procurer auprès d'un jardinier. Coupe l'extrémité de chaque racine en biseau et les feuilles au ras du collet. Dans une cuvette de 20 cm de profondeur, mets les racines debout les unes contre les autres. Remplis la cuvette aux trois quarts avec de la terre humide. Enfonce des tuyaux en plastique longs de 40 cm aux quatre coins de la cuvette pour verser un peu d'eau de temps en temps. N'arrose pas trop. Place ta cuvette dans une cave obscure et fraîche. Tu pourras commencer à récolter 3 à 5 semaines plus tard.

D'une année à l'autre

Chaque année, le jardinier peut réorganiser son jardin, car la plupart de ses légumes n'occupe le terrain que pendant quelques mois. Seules des plantes comme les fraisiers, les asperges, la rhubarbe, l'artichaut, le laurier ou le thym restent à la même place plusieurs années. Le jardinier attend souvent 4 ou 5 ans avant de remettre une plante au même endroit.
En effet, les plantes prélèvent dans le sol des éléments minéraux pour se nourrir, chacune en quantité différente.
En changeant ses semis d'emplacement, il évite l'épuisement de la terre.
C'est la rotation des cultures. Pour simplifier son travail, le jardinier note sur un cahier l'emplacement, la date, la variété et le succès de ses cultures.

EXPÉRIENCE

Fais tes graines

Choisis une belle tomate bien mûre et sans tache, d'une variété que tu aimes. Coupe-la en deux et retire les graines. Mets-les dans un bocal avec un peu d'eau et laisse-les à l'obscurité. Au bout de quatre jours, retire la couche de moisissure qui s'est formée en surface. Mets les graines qui sont au fond du bocal dans une passoire et passe-les sous l'eau. Étale-les ensuite sur un papier absorbant. Quand le papier est sec, décolle-les et mets-les sur un plateau pour finir de les sécher. Une semaine plus tard, range tes graines bien sèches dans une enveloppe et écris dessus le nom de la variété.
Tu peux de la même façon obtenir des graines d'aubergine et de poivron.

Combien d'années vit un poireau ?

**Le poireau est récolté 5 mois après le semis. Mais si on ne récolte pas ce poireau, il fleurit l'année suivante, produit des graines et meurt. On dit que le poireau est une plante bisannuelle, car il met deux ans à effectuer son cycle complet.
Les carottes, les oignons, les betteraves, les choux de Bruxelles sont aussi des plantes bisannuelles. Dans un potager, elles sont récoltées l'année de leur semis, avant de produire des graines.
Les haricots, les petits pois, les courgettes, les melons, les potirons, le maïs, les tournesols sont des plantes annuelles. Ce sont des légumes fruits ou graines. Ils mettent moins d'un an pour produire des graines avant de mourir.
Les fraisiers, la rhubarbe, les artichauts, les asperges sont des plantes vivaces, qui produisent des graines pendant plusieurs années sans mourir. À la mauvaise saison, une de leurs parties, aérienne ou souterraine, reste toujours vivante.**

Les plantes enrichissantes (groupe A)

Elles améliorent la terre car elles ont la capacité de capter l'azote de l'air pour le libérer dans la terre.
Haricot, pois, lentilles, fève.

Les plantes gourmandes (groupe B)

Elles ont besoin d'une terre riche en azote, potassium et phosphore.
Betterave, céleri rave, poireau, navet, pomme de terre, chou.

Les plantes à racine (groupe C)

Ce sont des légumes racines qui vont trouver dans le sol les éléments laissés en profondeur par les plantes gourmandes.
Carotte, salsifis, radis.

Les plantes peu exigeantes (groupe D)

Ce sont des légumes feuilles ou bulbes qui occupent le sol peu de temps et ne prélèvent pas beaucoup d'éléments minéraux.
Salades, épinard, oignon, ail, fenouil.

Les plantes sobres (groupe E)

Ce sont des légumes fruits. Dans une terre pauvre, ils donnent des fruits mais dans une terre riche, ils donnent surtout de grandes feuilles.
Aubergine, courge, melon, tomate, poivron, concombre, potiron.

Les unes après les autres

Sur une parcelle de jardin, le jardinier cultive les plantes les unes après les autres en respectant le même ordre : A, B, C, D, E, A, B… Selon la durée de chaque culture, la rotation prend un, deux, trois ou quatre ans. Les radis (groupe C) se récoltent en trois semaines, les haricots verts (groupe A) au bout de deux mois, mais les flageolets (groupe A) ne libèrent la place que quatre mois après le semis.

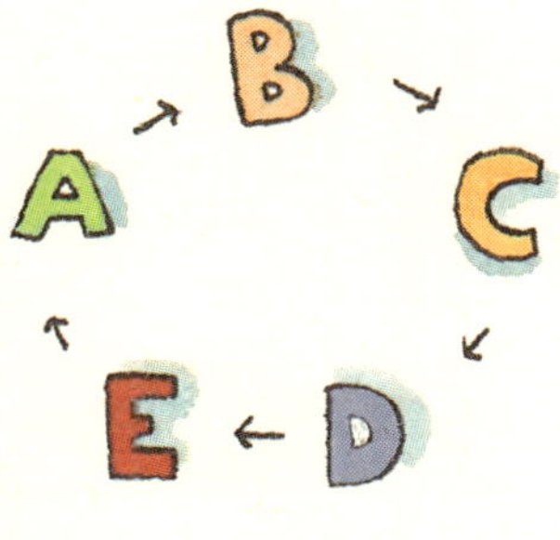

III

LES COULISSES DU POTAGER

Plantons le décor

Le jardin est une scène où évoluent des comédiens, les plantes cultivées, sous la direction d'un metteur en scène, le jardinier. La pièce qu'ils jouent année après année se déroule en quatre saisons. Le sol où le jardinier installe ses plantes s'est formé au fil du temps par la décomposition de roches du sous-sol et celle de végétaux en surface. Il abrite aussi des millions de minuscules animaux qui le labourent continuellement. Le jardinier en prend soin. Il aère le sol, l'ameublit, retire les cailloux et les racines encombrantes. Il le couvre pour qu'il ne soit pas entraîné par les pluies et balayé par les vents. Enfin, il contrôle sa composition pour qu'il soit favorable aux cultures des plantes. La terre est un trésor !

N'installe pas ton potager dans une forêt !

Dans une forêt, le sol est riche en humus, il serait pourtant impossible d'y faire pousser des légumes. Voici 5 conseils pour installer ton potager au meilleur endroit, si tu as le choix.

1 – Dans un lieu ensoleillé, sans grand arbre, car aucun légume ne pousse à l'ombre.

2 – À l'abri des vents dominants qui assèchent la terre et les plantes.

3 – À l'abri des inondations, mais près d'un point d'eau, car en été, il faut souvent arroser.

4 – Sur un terrain le plus plat possible pour que la terre ne glisse pas.

5 – Mais surtout tout près de ta maison, pour venir souvent jardiner, récolter ou simplement te promener.

Des outils pour préparer la terre

– LA GRIFFE : pour briser les mottes et retirer les racines et les cailloux.

– L'AÉRABÊCHE OU LA GRELINETTE : pour ameublir le sol et l'aérer sans le chambouler. L'air et l'eau y pénètrent plus facilement.

– LA BÊCHE : pour creuser et retourner la terre en enlevant les pierres et les plantes indésirables.

– LE RÂTEAU : pour rassembler les débris et égaliser la surface du sol.

Les limites du potager

Une haie est le meilleur des brise-vent. Elle freine les courants d'air sans les stopper. Derrière elle, une surface grande comme 10 à 20 fois sa hauteur est protégée. Un mur protège moins loin et, derrière lui, le vent fait des tourbillons.

Le tas de compost

C'est là que le jardinier fabrique l'humus de son jardin. Il entasse à même le sol les épluchures de légumes, les tontes de pelouses ou les tailles de plantes, les mauvaises herbes sans leurs graines, en intercalant un peu de terre du jardin. Il couvre ensuite le tout avec de la paille. Les végétaux se décomposent à l'abri de la lumière. Au cœur du compost, la température atteint 60 °C. Au bout de 6 à 9 mois, les déchets sont transformés en humus riche dont l'odeur rappelle celle de la forêt.

Le sol

Le sol idéal contient 50 à 70 % de sable, 10 à 20 % d'argile, 5 à 10 % de calcaire et 2 à 3 % d'humus. En prélevant un peu de terre, à différents endroits de son jardin, le jardinier fait analyser son sol. Il peut ainsi y apporter les éléments manquants.

Les allées

Elles permettent de circuler dans le jardin, sans écraser les plantations. Elles sont souvent désherbées, ce qui donne beaucoup de travail. On peut aussi les engazonner, ce qui oblige à tondre. Les plus larges laissent passer une brouette.

Graines d'artiste !

Les acteurs du potager naissent de graines choisies par le jardinier. Il renouvelle ainsi chaque année, ou presque, toute sa troupe. En effet, en récoltant ses légumes, le jardinier détruit souvent la plante. Il arrache les carottes, les poireaux, les radis et les navets. Il cueille les salades, les épinards et les choux. Il doit donc en faire pousser d'autres pour avoir de nouvelles récoltes. Surtout, beaucoup de plantes, comme les tomates, les haricots et les courgettes, dont il cueille les fruits, ne vivent pas plus d'un an et seraient incapables de survivre à la mauvaise saison. Aussi le jardinier conserve-t-il ces plantes sous forme de graines pendant l'hiver, à l'abri de la lumière et de l'humidité.

Des semis à l'abri

Au printemps, le jardinier sème les graines dans des tunnels en plastique ou sous un châssis pour protéger ses jeunes plants du froid.

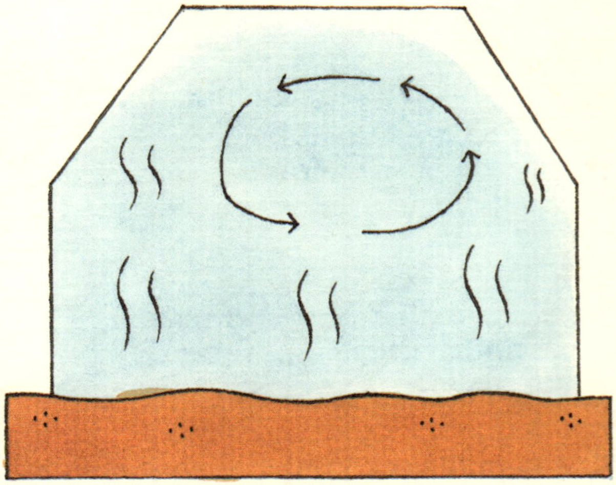

Dans une serre

Grâce à son toit et ses murs en verre, la serre offre chaleur et lumière : les rayons du soleil qui pénètrent à l'intérieur sont transformés en chaleur quand ils atteignent le sol sombre. Ensuite, cette chaleur ne peut plus ressortir. Il existe aussi des serres chauffées et éclairées artificiellement. Cela coûte cher en électricité.

Des outils pour semer

LA SERFOUETTE : pour creuser un sillon dans la terre avant de semer les graines.

LA BATTE : pour tasser la terre sur les graines après le semis. On dit qu'on plombe les graines.

LE CORDEAU : c'est un fil que l'on tend au-dessus du sol pour semer les graines sur une ligne bien droite.

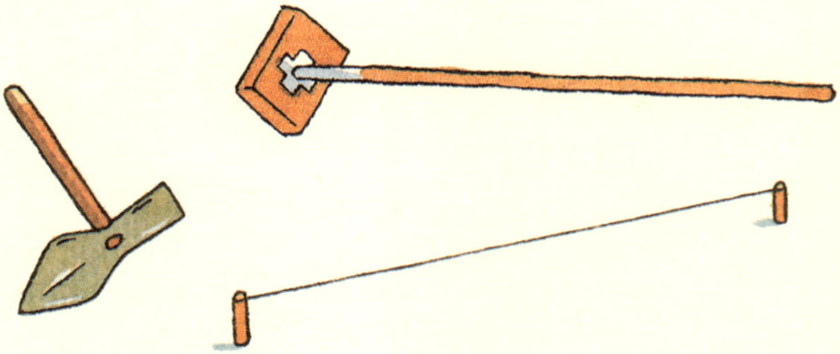

Semis en poquet

Pour les courgettes, les potirons, les melons.
Deux ou trois graines sont placées dans un même trou.
Puis elles sont recouvertes d'une épaisseur de terre haute comme deux fois la graine.

Semis en ligne

Pour les carottes, les navets, les radis.
Les graines sont installées au fond d'un sillon profond de un ou deux centimètres. Les plus fines sont mélangées à du sable ou à de la cendre, pour être bien espacées.

Semis à la volée

Pour le persil ou les salades.
Les graines sont lancées au hasard sur un carré de terre ameublie. Il faut ensuite tasser la surface du sol, pour que les graines soient bien en contact avec la terre.

Comment fabrique-t-on une graine ?

**Les graines que l'on achète en sachets dans le commerce proviennent d'une plante, que l'on appelle un porte-graines. C'est une belle plante qui pousse sous haute surveillance jusqu'à ce qu'on récolte ses graines.
Elle est choisie pour ses qualités : sa taille, sa couleur, sa saveur, sa résistance à la sécheresse, à l'humidité ou au transport. Chacune des graines d'un porte-graines a en principe les mêmes qualités. Souvent, on souhaite associer les qualités de deux variétés différentes, par exemple la taille de l'une avec la couleur d'une autre. Les graines obtenues grâce à l'intervention de l'homme sont des cultivar (de l'anglais *cultivated variety*), appelées "hybrides F1". Elles donnent des plantes toutes semblables et vigoureuses.**

Le repiquage

Certaines plantes comme le poireau ne sont pas semées directement à leur place. Le jardinier fait d'abord germer les graines de poireau, à l'abri ou non, puis il repique les jeunes plants quand ils sont gros comme des crayons. Avant, il doit les "habiller" : cela consiste à couper l'extrémité des feuilles pour diminuer la transpiration. Il élimine aussi le bout des racines trop longues. Il fait de même avec les choux et les salades.

Lever de rideau sur les plantes

Certaines plantes ne produisent pas de graines ou bien donnent des graines très lentes à se développer. Le jardinier utilise donc une autre technique pour obtenir de nouveaux légumes. Il plante un morceau de racine ou de tige, qui donne naissance à une plante entière. Cela s'appelle le bouturage. Il utilise aussi cette technique pour obtenir des plantes qui ont toutes les mêmes caractéristiques. Car la nouvelle plante est tout à fait semblable à celle qui lui a donné naissance. Ces copies conformes sont des clones.

Des outils pour planter

LE PLANTOIR : pour repiquer les plantules à racines nues en les espaçant.
LE TRANSPLANTOIR : pour déplacer une petite plante avec sa motte de terre.
LE CORDEAU : pour repiquer les plants bien alignés.

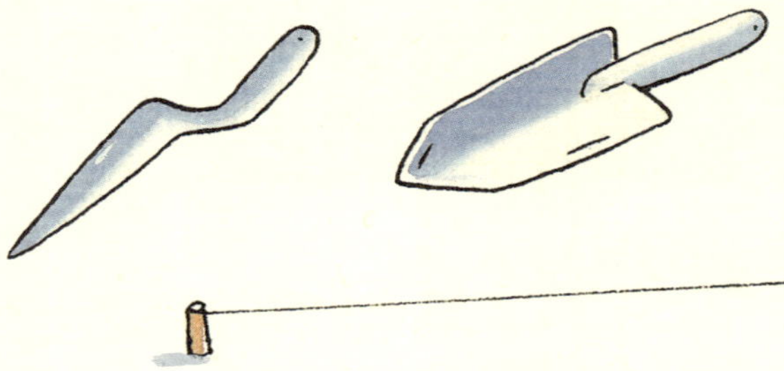

Les bulbes de l'ail

Dans l'ail, on mange le bulbe formé de nombreuses gousses ou caïeux. L'ail des jardins ne produit pas de graines. Pour avoir une nouvelle récolte, on détache les gousses qui forment la tête de l'ail et on les place en terre au printemps. Pour récolter de l'oignon et de l'échalote, on plante aussi de petits bulbes.

Les gourmands du fraisier

Au cours de l'été, le plant de fraisier émet de longues tiges rampantes. Le long de ces tiges se développent des petites rosettes de feuilles. Quand elles touchent le sol, ces rosettes s'enracinent. Pour le jardinier, c'est un gourmand, pour le botaniste, c'est un stolon. En s'enracinant, le stolon donne naissance à un nouveau plant de fraisier.

Des légumes costauds !

Les oignons "Mammouth" peuvent atteindre 50 cm de tour de taille, les tomates "Chair de bœuf" pèsent jusqu'à un kilo et les gousses des haricots "Fortex" sont longues de 25 à 30 cm ! Tous ces légumes appartiennent à des variétés sélectionnées pour leur grande taille.
Il existe pour chaque espèce de légumes des variétés ayant des qualités différentes. On connaît plus de 3 500 variétés de pommes de terre, 300 de radis, 4 000 de haricots, plus de 1 000 de laitues. Sur les 600 variétés de fraises connues, une quarantaine est cultivée en France, et à peine une dizaine est vendue sur nos marchés.

La bouture de pomme de terre

La pomme de terre sert de semence mais ce n'est pas une graine. C'est un tubercule qui s'est formé par accumulation de réserve de nourriture dans les tiges souterraines de la plante. Comme une pomme de terre possède de nombreux et minuscules bourgeons, il suffit de la placer dans le sol après les dernières gelées pour qu'elle germe. Le crosne et le topinambour se cultivent de la même façon.

Des touffes de thym

Le thym forme un buisson dont on utilise les petites feuilles pour parfumer les plats. On divise le buisson en plusieurs touffes et chaque touffe prend de l'ampleur au fil des ans. Les touffes de rhubarbe se multiplient de la même façon.

EXPÉRIENCE

Une carotte, c'est vivant !

Prends une belle carotte. Coupe-la en deux. Garde la partie la plus grosse et coupe les fanes au ras du collet. À l'autre extrémité, creuse un trou avec un couteau éplucheur. Prends trois grandes piques en bois pour poser ta carotte la "tête" en bas. Remplis le trou avec de l'eau et complète chaque jour le niveau. Au bout de quelques jours, tu verras poindre quelques fines feuilles. Et après plusieurs semaines, les feuilles plus grandes se redresseront vers la lumière.

Les meilleurs rôles : les animaux

Le jardin grouille de bestioles. Beaucoup d'insectes s'attaquent aux plantes pour les dévorer. Si le jardinier utilise des produits chimiques pour les éliminer, il retrouvera tôt ou tard ces poisons dans son assiette ; il risque surtout de transformer son jardin en désert en tuant aussi les animaux qui se nourrissent des ravageurs. Plutôt que de polluer son potager, le jardinier use d'armes naturelles. Car chaque parasite a un prédateur. Le jardinier doit donc essayer de se débarrasser de ses ennemis sans anéantir ses alliés.

EXPÉRIENCE / BRICOLAGE

Un abri pour les perce-oreilles

Malgré son nom, le perce-oreille ne s'attaque pas aux oreilles ! Il peut t'aider à éliminer des pucerons. Construis-lui un refuge. Prends un filet à pommes de terre et emplis-le de paille, de copeaux de bois ou de journaux déchirés, pour obtenir une balle aussi grosse qu'un poing. Glisse la balle dans un pot de fleur vide. Enfile un fil de fer à travers le filet et le pot, pour pouvoir tenir le pot à l'envers. Au printemps, place ton abri sur le sol près d'une haie. Les perce-oreilles viendront s'y réfugier. Dès que tu constates que des pucerons envahissent tes plantations, accroche ton abri plein de perce-oreilles. Ils iront chasser la nuit. Dès qu'il n'y aura plus de pucerons, déplace ton abri car les perce-oreilles peuvent alors s'attaquer aux feuilles ou aux fruits.

Les suceurs de sève

Ce sont les pucerons. Ils se nourrissent de la sève des plantes et les font parfois périr. De nombreux insectes mangent les pucerons, mais les fourmis, elles, les protègent pour sucer le liquide sucré qu'ils émettent.

Les transporteurs de pollen

Ce sont les abeilles, les bourdons, les mouches et les papillons. Sans eux, pas de cerises, pas de fraises, pas de tomates, ni de melons ! En transportant le pollen d'une fleur à l'autre, ils assurent la formation des fruits.

Des outils pour arroser et traiter

L'ARROSOIR : avec la pomme, pour arroser en pluie légère et fine. Avec le goulot, pour arroser au pied des plantes sans mouiller les feuilles. En plastique ou en fer, deux petits arrosoirs sont plus faciles à transporter qu'un gros.
LE PULVÉRISATEUR : pour traiter les plantes et les protéger des ravageurs.
LES FILETS : pour protéger les semis ou les plantes des coups de bec des oiseaux.

Les insectes mangeurs de pucerons

La coccinelle, le chrysope, le syrphe, le perce-oreille et surtout leurs larves se nourrissent de pucerons. Une coccinelle adulte mange 50 à 100 pucerons par jour et sa larve 100 à 150 !

Les laboureurs du sol

La taupe creuse des galeries et aère le sol. Elle mange au passage des vers, coupe des racines et, surtout, chamboule les semis en évacuant la terre en surface. Le ver de terre ne fait pas de dégâts. Il avale la terre et digère les débris végétaux. Dans ses galeries, l'eau et l'air pénètrent facilement.

Les oiseaux voraces

Au printemps, la plupart des oiseaux nourrissent leurs petits avec des insectes. Un couple de mésanges prélève chaque jour 15 à 20 grammes de chenilles ! Mais les oiseaux sont aussi friands de baies et de fruits du jardin…

Les mangeurs de feuilles

Les escargots et les limaces dévorent les feuilles tendres des semis. Le jardinier les repousse avec de la cendre ou de la sciure sur le sol, les attire dans une soucoupe remplie de bière où ils se noient, ou les capture sous un pot de fleur et les relâche loin de son jardin.

Les figurants : les plantes spontanées

Reines de l'improvisation, ces plantes défient le jardinier. Elles s'installent au milieu des rangs bien alignés par le metteur en scène. Elles surgissent là où il ne les attend pas. Ce n'est pas étonnant, car elles sont les véritables propriétaires des lieux. Le terrain leur convient. Elles n'ont pas besoin d'être arrosées, protégées, tuteurées ou dorlotées pour pousser. Elles sont ici chez elles !

Les plantes adventices

Ce sont des plantes qui poussent sans avoir été semées. On les appelle aussi mauvaises herbes. Leur présence renseigne sur la nature du sol. Ainsi, l'ortie, la grande oseille et le chénopode poussent sur un sol riche en azote, la cardamine, la renoncule et la ficaire dans les sols humides, le coquelicot, le trèfle blanc, le bleuet et la moutarde dans les sols plutôt calcaires. Le mouron des oiseaux se rencontre dans tous les sols.

Utiles, les mauvaises herbes !

Les mauvaises herbes ne sont pas toujours indésirables. Avec les orties, le jardinier fabrique un purin contre certaines maladies de ses légumes. Les orties peuvent aussi se manger. Une fois cuites, elles ne piquent plus et ressemblent à des épinards ; les jeunes feuilles de pissenlit et de capselle (appelée aussi "bourse-à-pasteur") font, elles, d'excellentes salades au début du printemps.

Les mauvaises herbes peuvent aussi soigner. Les feuilles de plantain frottées sur la peau calment les piqûres d'insectes et celles des orties. Enfin, la sève jaune de la chélidoine appliquée sur les verrues permet de les combattre.

Une couverture du sol

Les mauvaises herbes empêchent les pluies battantes et les vents d'emporter la terre ou le soleil de la dessécher. Pour contrôler leur prolifération, le jardinier couvre son terrain de paille ou de feuilles pour protéger la terre en la laissant respirer.

Les outils pour entretenir le potager

– LA BINETTE : pour gratter et ameublir la terre en surface.
– LA PETITE GRIFFE : pour gratter le sol entre les légumes et laisser l'eau et l'air pénétrer.
– LE SÉCATEUR : pour tailler les parties malades des plantes.

Le faux semis

Le jardinier prépare sa terre comme pour semer. Il arrose le terrain. Au bout d'une semaine, les herbes indésirables sortent de terre. Le jardinier les déloge d'un bon coup de râteau. Puis il sème les graines des légumes. Il évite ainsi à ses plantes cultivées d'être envahies par des herbes sauvages.

EXPÉRIENCE

Un jardin forestier

Après une balade en forêt, gratte les semelles de tes chaussures pour recueillir la terre. Mets-la dans un bol avec de l'eau pour obtenir une bouillie épaisse. Prends un plat pouvant aller au four et remplis-le de terreau. Puis mets-le pendant vingt minutes à four chaud, environ 120 °C. La terre ne contient alors plus de graines capables de germer. Laisse-la refroidir puis mélange-la avec la boue de la forêt. Couvre le plat d'une vitre et place-le près d'une fenêtre à l'intérieur de la maison. Arrose régulièrement, sans noyer la terre. Au bout de quelques semaines, tu verras apparaître de petites plantes, toutes nées de graines rapportées de la forêt sous tes bottes.

Les trucs du metteur en scène

Le travail ne manque jamais au jardin, les soucis non plus. Le jardinier qui souhaite avoir de belles récoltes voit parfois ses plantations périr. Il doit alors essayer de comprendre ce qui peut leur déplaire. Il consulte des livres, des journaux ou des catalogues. Il écoute ce que lui racontent les autres jardiniers, professionnels ou amateurs, découvrant ainsi mille astuces. Puis, il expérimente des techniques, qu'elles soient anciennes ou modernes. Il regarde la lune avant d'intervenir, cherche à prévoir la météo. Oui, le jardinier met toutes les chances de son côté pour réussir !

Des outils pour récolter

– UN PANIER : pour transporter les légumes et les fruits sans les écraser.
– UNE GOUGE : pour cueillir les asperges dans le sol et pour arracher une mauvaise herbe comme le pissenlit avec sa racine profonde.
– UN CUEILLE-FRUIT : pour cueillir les poires ou les pommes dans l'arbre avant qu'elles ne s'écrasent sur le sol.

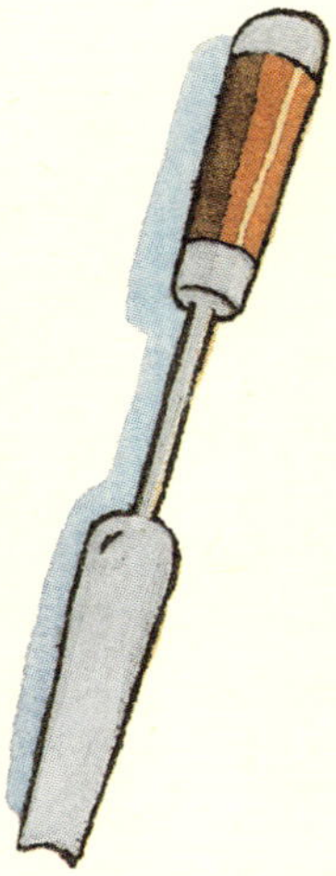

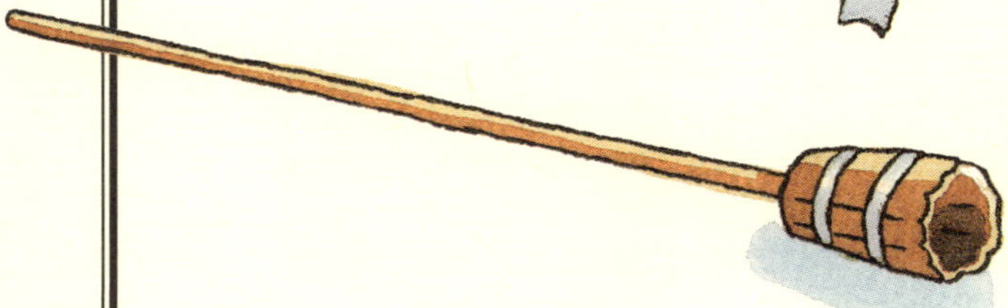

La météo

Pour ne pas arroser inutilement, le jardinier essaie de prévoir la pluie. Il suspend une pomme de pin. Par temps sec, ses écailles s'ouvrent, mais par temps humide, elles se referment. En été, il regarde voler les hirondelles. Si elles volent haut, c'est signe de beau temps sec.

La lune

Chaque jour, la surface visible de la lune change. Elle devient de plus en plus grosse, elle est montante jusqu'à paraître entière, puis elle décroît jusqu'à disparaître, on dit qu'elle est descendante. Un cycle complet prend un peu plus de 27 jours. Les jardiniers qui regardent la lune sèment et récoltent leurs salades au premier quartier de la lune montante. Au contraire, ils les repiquent au dernier quartier de la lune descendante.

Les plantes compagnes

Le jardinier n'installe pas ses légumes n'importe comment dans son potager. Certains légumes poussent mieux quand ils sont ensembles. Ainsi l'aubergine se plaît-elle près des haricots, la carotte près du poireau et de l'oignon, la fraise près de l'ail, la courge près du maïs. D'autres associations sont fâcheuses. L'aubergine n'apprécie pas le voisinage de la pomme de terre, la carotte celui de la betterave, la courge et la fraise celui du radis.

Des engrais verts

Pour enrichir une parcelle, le jardinier cultive tous les quatre ou cinq ans des plantes de la famille des Légumineuses comme le trèfle, la luzerne ou la vesce. Ces plantes, comme les haricots et les fèves, apportent au sol de l'azote. Le jardinier les coupe en passant la tondeuse juste avant qu'elles ne fleurissent. Il les laisse sécher sur le sol avant de les enfouir dans la terre. Il attend ensuite un bon mois avant de semer ses légumes.

IV

L'HISTOIRE DES LÉGUMES ET DES FRUITS

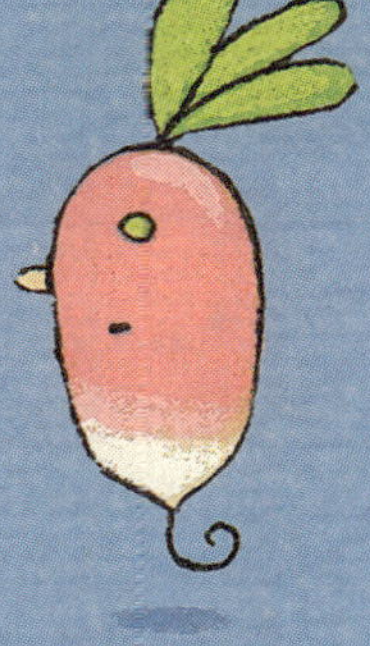

Les légumes sauvages de la préhistoire

Les premiers hommes se nourrissaient de tout ce que la nature leur offrait de comestible, animaux et plantes sauvages. Leurs menus changeaient au cours des saisons. À cette époque, nos légumes actuels n'existaient pas. Seuls poussaient leurs ancêtres, souvent moins charnus et moins tendres. En les cueillant, les hommes préhistoriques faisaient souvent disparaître les plantes. Ils devaient donc se déplacer sans cesse pour en trouver d'autres.
Il y a environ 10 000 ans, ils sont devenus cultivateurs. Réussissant à semer des plantes alimentaires, ils ont appris à les protéger, puis à attendre plusieurs mois au même endroit pour les récolter.

Le chou sauvage

Il pousse encore de nos jours au bord de la mer, en Europe. Il mesure entre 60 et 90 cm de haut. Il a donné naissance à de nombreux légumes : chou frisé, chou pommé, chou-rave, chou de Bruxelles, rutabaga, chou-fleur et brocoli.

L'ancêtre de la betterave

C'est la bette maritime qui pousse en bord de mer. Cultivée pour ses feuilles, elle a évolué en bette aux forts pétioles. Cultivée pour sa racine, elle est devenue la betterave fourragère.

L'ancêtre du poireau

C'est peut-être l'ail d'Orient, aussi appelé poireau de vigne, qui pousse dans les régions méditerranéennes, car le poireau sauvage n'a jamais été retrouvé.

La carotte sauvage

La carotte sauvage pousse au bord des chemins en Europe. Sa fine racine blanche est coriace et âcre. Elle ressemble à sa cousine, la ciguë, qui, elle, est mortelle !

Comment sont nés nos légumes ?

Quand l'homme est devenu agriculteur, il a d'abord semé les graines de plantes sauvages. Puis il a cherché les plantes qui lui offraient le plus à manger. Au fil des récoltes, il a remarqué que certains plants de pois donnaient des grains plus charnus ou que certains de melons portaient des fruits plus juteux. Il a donc choisi les graines issues de ces plantes pour les semer l'année suivante. Peu à peu, il a obtenu des légumes un peu différents des plantes sauvages. Ensuite, il est arrivé à croiser des plantes d'une même espèce pour obtenir des récoltes encore plus belles.

L'ancêtre de l'artichaut

C'est le cardon sauvage dont les feuilles portent des épines et dont les fleurs bleu violacé sont petites. Il a aussi donné naissance au cardon des jardins dont on mange les pétioles et les nervures épaisses des feuilles.

L'asperge sauvage

L'asperge sauvage pousse un peu partout dans les terrains sablonneux autour du Bassin méditerranéen. Elle ressemble beaucoup à notre asperge cultivée.

RECETTE

Une salade sauvage

- *feuilles de pissenlit*
- *pâquerettes*
- *1 œuf*
- *vinaigrette*

Au printemps, dans un champ, loin des routes et des traitements chimiques, cueille des feuilles de pissenlit. Elles poussent en rosette, elles sont longues et découpées. Choisis les plus jeunes et évite les pissenlits déjà fleuris car leurs feuilles sont souvent amères. N'arrache pas la racine. Cueille aussi un bouquet de pâquerettes. Lave ta cueillette à l'eau fraîche avec un peu de vinaigre pour éliminer les pucerons. Prépare une sauce vinaigrette dans un saladier et verse-la sur les pissenlits. Au moment de servir, ajoute un œuf dur, des croûtons de pain dorés, frottés d'ail, et tes fleurs.

Les jardins de l'Antiquité

Les premiers jardins entouraient les palais des souverains orientaux. Ils abritaient de somptueux vergers et potagers.
En persan, le mot qui signifie jardin, *paradyi*, veut d'ailleurs aussi dire "paradis". Dans ces jardins poussaient des cascades d'aubergines, d'oignons, de pois et de lentilles.
Les Grecs, eux, utilisaient des légumes comme le persil et la rhubarbe pour se soigner.
À Pompéi, les légumes étaient nombreux. Oignons, concombres, radis et laitues étaient déjà connus, mais l'essentiel des plantes alimentaires était des céréales, blé ou orge, et des légumes secs, pois, fèves ou lentilles.

RECETTE

Une purée antique, l'humos

- *2 tasses de pois chiches secs*
- *2 cuillères à soupe de purée de sésame*
- *1 gousse d'ail*
- *jus de citron*
- *huile d'olive*

Humos est un mot arabe qui signifie "pois chiche". Fais tremper les pois chiches une nuit dans de l'eau froide. Égoutte-les et laisse-les germer pendant 48 heures en les couvrant avec un linge humide. Mixe-les alors avec 2 cuillères à soupe de purée de sésame, une gousse d'ail, trois cuillères à soupe de jus de citron et une cuillère à soupe d'huile d'olive. Tu obtiens une purée que tu peux manger avec des crudités et du pain toasté.

Le pois chiche des Romains

En latin, pois chiche se dit *cicer arietinum*. On raconte que la famille de Cicéron devait sa prospérité à la culture de ce légume sec ; on dit aussi que Cicéron doit ce nom à cause de la verrue en forme de pois chiche qu'il portait sur le nez !

Les poireaux du pharaon

Ils sont représentés sur les fresques funéraires entre un bouquet d'oignons et une botte d'asperges. Ce sont les produits de la terre que le roi défunt devait emporter en offrandes aux divinités des ténèbres. En Grèce aussi, le poireau était une plante sacrée.

Les radis des Egyptiens

Ce sont des radis longs et noirs. Ils font partie des menus des constructeurs de pyramides avec l'ail et l'oignon, sous le règne de Chéops, vers 4 500 avant J.-C. Les radis ronds et roses ne sont connus en France que depuis le XVIe siècle.

Le fenouil des Grecs

En grec, fenouil se dit *marathon*. Car la célèbre bataille, connue surtout par la mort du coureur venu annoncer la victoire des Grecs, eut lieu dans un champ de fenouils sauvages. Ces fenouils sont les ancêtres de nos fenouils cultivés.

Combien de sortes de légumes manges-tu ?

Tous les légumes que l'on achète dans le commerce sont cultivés, sauf la salicorne que vend le poissonnier et certains champignons.
On estime qu'il y a sur Terre environ 80 000 espèces de plantes comestibles. Au cours de son histoire, l'homme a cultivé plus de 5 000 plantes différentes, mais aujourd'hui, il en utilise moins de 150.
90 % de nos besoins alimentaires mondiaux sont assurés par seulement 29 espèces. Les céréales comme le blé, le maïs et le riz y contribuent à eux seuls pour 50 %.
La pomme de terre arrive en quatrième position.
Les fruits les plus cultivés sont l'orange, la banane et la pomme.

Les jardins de Babylone

Ils furent édifiés par Nabuchodonosor II en plein désert le Mésopotamie. Ils étaient bâtis en terrasses et irrigués par les eaux de l'Euphrate. La trace de ces jardins suspendus de Babylone n'a jamais été retrouvée, mais ils sont considérés comme l'une des sept merveilles du monde.

Le jardin médiéval

Au Moyen Âge, les hommes cultivent dans leur jardin des plantes pour se nourrir, se soigner, mais aussi se protéger et se distraire. À la campagne, les potagers sont des courtils proches des maisons des paysans. En ville, ils sont situés à l'intérieur des remparts, entre les bâtiments. À partir du XIIe siècle, quand la population des villes augmente, les légumes sont cultivés hors des remparts. À Paris, ils s'installent sur un ancien bras marécageux de la Seine. On prend alors l'habitude de parler de cultures maraîchères. Des canaux de drainage assèchent ces terres et fournissent de l'eau en été pour l'arrosage. Les gens qui s'en occupent sont appelés ortolans ; ils ne prendront le nom de maraîchers qu'au XVe siècle.

Les légumes des pauvres

Les repas des riches étaient surtout constitués de viande, ceux des pauvres de légumes secs considérés comme vulgaires par la haute société. Les choux-raves et les navets étaient méprisés par les classes aisées parce qu'ils poussent sous la terre.

Les légumes des Arabes

À partir de 622, les Arabes ont conquis de nombreuses régions au sud de la Méditerranée. Ils adoptaient les plantes cultivées et leurs techniques de culture. À partir du Xe siècle, en Espagne, ils mirent en culture l'aubergine, l'épinard, l'estragon, le chou-fleur et la rhubarbe.

Les plantes qui guérissent

Les paysans se soignaient avec des plantes sauvages : le chiendent contre les infections urinaires, l'ortie pour arrêter les saignements, la bourrache pour faire tomber la fièvre. Dans les jardins des abbayes, les religieux cultivaient des plantes médicinales qu'ils rangeaient dans leur pharmacie, à côté d'autres remèdes simples issus d'animaux ou de minéraux.

Les mauvais légumes

Au Moyen Âge, les médecins pensaient que manger des légumes pouvait être mauvais pour la santé. Le concombre, considéré comme un aliment froid, était contraire à la vie. On évitait de le manger pur, mais il pouvait être consommé avec des aliments chauds comme l'ail, les épices et le vin.

Charlemagne n'a pas seulement inventé l'école !

En France, le nombre d'espèces de légumes cultivés dans les jardins au Moyen Âge est encore assez limité. Dans les jardins, il n'y a guère que les céréales et les légumes secs, les choux, les betteraves, les radis noirs et les carottes blanches. Vers l'an 812, quand Charlemagne fait rédiger des lois, appelées capitulaires, il consacre un chapitre aux plantes qui doivent être cultivées dans les jardins de l'empire. On y trouve une liste de 90 plantes : lis, rosier, fenugrec, sauge, aurone, concombre, melon, calebasse, sarriette, céleri, bette, pois chiche, anis, souci, bardane, aneth, fenouil, pêcher, amandier, cerisier…

EXPÉRIENCE

Cultive un condiment moyenâgeux

Le cresson alénois est appelé *naturcium* sous Charlemagne, ce qui signifie "qui fait tordre le nez" ! Probablement à cause de sa saveur piquante. Tu peux en faire pousser pour épicer un peu tes salades vertes ou de tomates. Prends un bac ou un pot. Emplis-le de terreau. Mélange tes graines de cresson alénois avec du sable et sème le mélange sur ton bac. Recouvre tes graines d'une fine couche de terre et tasse un peu. Arrose modérément et place ton bac à l'extérieur entre février et septembre. Quand les plants ont quatre centimètres de haut, recolte-les avant qu'ils ne fleurissent.

La découverte des Amériques

À la Renaissance, tout change.
Des explorateurs, comme Christophe Colomb, rapportèrent d'Amérique des plantes jusque-là inconnues. Les Espagnols et les Portugais essayèrent de les acclimater en Europe, mais il fallut à certains légumes et fruits plusieurs siècles pour s'adapter à nos climats ou pour être acceptés dans les assiettes.
En France, Catherine de Médicis, après avoir épousé Henri II en 1533, fit venir des cuisiniers d'Italie qui bouleversèrent les repas de la cour. Les légumes verts devinrent à la mode, l'artichaut, le brocoli, le melon firent leur entrée à la table du roi.

Le piment

Il a été découvert en Amérique lors du premier voyage de Colomb en 1492. Il l'avait alors appelé poivre. Le piment est une Solanacée comme la pomme de terre, la tomate et l'aubergine. Ce condiment a donné naissance à un légume plus doux, le poivron.

La tomate

La tomate sauvage n'est pas plus grosse qu'une cerise, comme celle qui pousse encore au Mexique. Quand les conquistadors l'ont rapportée en Europe, au XVIe siècle, elle fut considérée comme toxique.

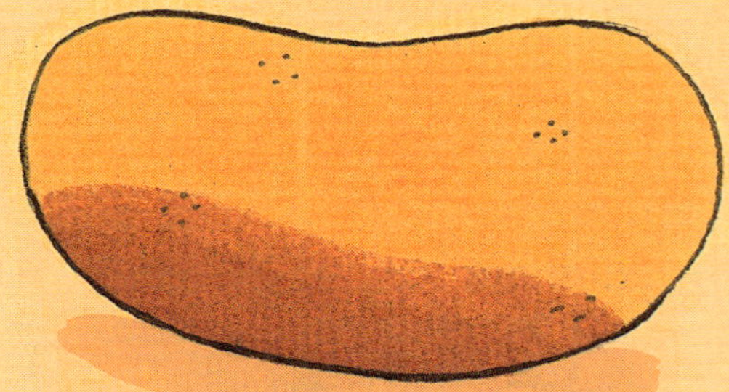

Des légumes de roi

Chaque souverain, chaque empereur avait ses préférences en matière de légumes.
Les empereurs romains Auguste et Tibère raffolaient de concombre mais Néron préférait le poireau. Henri II aimait les asperges et les artichauts, Henri IV le melon et Louis XIV les salades, les petits pois, les fraises, les figues, le melon et les asperges. Louis XV aussi avait une passion pour les fraises. Louis XVIII adorait les épinards, Catherine de Médicis les artichauts et Napoléon les haricots. Et pour toi, quel est le roi des légumes ?

La pomme de terre

C'est l'Espagnol Pizarro qui la rapporta des Andes vers 1560 pour le roi d'Espagne Philippe II. Elle fut alors plantée dans des jardins botaniques d'Europe. Pour les Français, cette "truffe de terre" était tout juste bonne à nourrir les cochons.

Le haricot

C'est Christophe Colomb qui le découvrit à Cuba où il était cultivé depuis 9 000 ans par les Indiens. Son nom scientifique est *phaseolus*, mais c'est son nom aztèque *ayacotl* qui donna "haricot".

Le céleri

Il est issu d'une plante européenne, l'ache des marais, connue depuis l'Antiquité comme médicament. Sa culture pour ses pétioles charnus ou sa racine gonflée débuta au XVIe siècle.

Le maïs

Il a été découvert par les Européens en Amérique au XVe siècle. Il était pourtant domestiqué dans les régions de l'actuel Mexique, il y a environ 7 000 ans. Aujourd'hui, on connaît plus de 400 variétés de maïs jaunes, noirs, violets ou rouges.

RECETTE

Le pop-corn

Il te faut environ un verre de maïs spécial appelé "maïs à éclater". Verse un peu d'huile pour couvrir le fond d'une casserole. Mets-la à chauffer à feu moyen. Jette trois grains de maïs dedans et mets un couvercle. Quand tu as entendu trois "pop", verse le reste du maïs et referme. Mets des gants isolants et secoue la casserole souvent en maintenant bien le couvercle. Quand tu n'entends plus rien, retire du feu et verse dans un saladier. Évite de verser les grains non éclatés. Sale ou sucre, selon ton goût.

Dans le Potager du roi

Louis XIV, le Roi-Soleil, voulait éblouir les nations et faire de sa cour la première d'Europe. Il fit établir un potager aux abords du château de Versailles. En 1678, il confia à Jean-Baptiste de La Quintinie neuf hectares de terrain marécageux à exploiter. Grâce à des techniques révolutionnaires, le Potager du roi fournit des fruits et des légumes pour les repas de la cour. L'utilisation de châssis, de cloches de verre et de fumier chaud permit des cueillettes en toute saison. Dans ce potager, il y avait six variétés de fraise, sept de melon, des vignes et des arbres fruitiers, mais pas de tomate ni de pomme de terre.

La fraise

La culture de la grosse fraise a commencé en France en 1715. Avant, on ne connaissait que la petite fraise des bois. Les plants de grosses fraises ont été rapportés du Chili par un Breton, le capitaine Frézier.

RECETTE

Le sirop de fraise

- *1 kg de fraises*
- *1,5 kg de sucre*

Lave les fraises et équeute-les. Fais chauffer dans une casserole un verre d'eau avec le sucre. Quand de petites perles brillantes se forment à la surface, ajoute les fraises et mélange en retirant du feu. Laisse refroidir, puis filtre à travers un chinois pour recueillir le jus. Fais alors bouillir le jus pendant 5 minutes. Filtre à nouveau et laisse refroidir. Ton sirop est prêt.

Les poires

De La Quintinie installa les poiriers le long de murs. Il recommandait la culture de plus de cinquante variétés de poires dans un potager. La "Bon-Chrétien" était sa préférée.

Les figues

Dans le Potager du roi, il y avait dix variétés de figues. Comme Louis XIV en raffolait, de La Quintinie installa 700 figuiers à l'abri dans un jardin en creux. Il fit aussi élever un grand bâtiment pour abriter les figuiers en caisse pendant l'hiver. Les premières figues étaient récoltées à Versailles à la mi-juin.

L'ananas

Découvert par Christophe Colomb en Guadeloupe en 1493, il fut cultivé pour la première fois en Hollande vers 1733. Avant la Révolution, il y avait 800 pieds d'ananas au Potager du Roi.

Les petits pois

Depuis l'Antiquité, ils ne se mangeaient que secs, en purée ou en soupe. Quand Louis XIV goûta, en 1660, des petits pois frais rapportés d'Italie, ce légume devint à la mode. Pourtant, son médecin lui conseillait de ne pas en abuser.

Qui sont les primeurs ?

À l'époque de Louis XIV, le mot "primeur" désigne les premiers légumes qui se récoltent au début du printemps avec quatre à six semaines d'avance sur l'époque normale de la pleine production. Ce sont des carottes ou des petits pois destinés à être consommés immédiatement.
Ils ne peuvent comme d'autres variétés se conserver jusqu'à l'hiver. Primeur fut ensuite le nom que l'on donna aux marchands de légumes et à leur boutique.
De nos jours, le marchand de primeurs est spécialisé en fruits et légumes. Il achète ses produits aux halles, à un grossiste ou parfois à un producteur. Il les vend toute l'année au même endroit, dans sa boutique ou sur le marché.

L'asperge

Dans le jardin des asperges, de La Quintinie disposait du fumier de cheval pour réchauffer la terre. Il le changeait tous les dix jours. Il récoltait ainsi des asperges vertes ou violettes en février, mais Louis XIV les aurait voulues en décembre...

Les légumes améliorés

Au XIXe et au XXe siècle, les disettes disparaissent en France, en grande partie grâce à la culture de la pomme de terre, mais la culture des autres légumes fait aussi d'immenses progrès. Les transports sont de plus en plus rapides. Les légumes et les fruits peuvent être cultivés en plein champ, loin des villes, et conservés plus longtemps dans des chambres froides. Les scientifiques découvrent les mystères de la reproduction des plantes et créent de nouvelles variétés issues de croisements. Les légumes deviennent plus beaux, plus résistants, les fruits plus juteux, plus sucrés, sans pour autant avoir toujours meilleur goût.

La pomme de terre

En France, Antoine Augustin Parmentier obtint de Louis XVI en 1783 l'autorisation de planter des pommes de terre. Il les fit garder comme un bien précieux le jour, si bien qu'il se les faisait voler la nuit ! Le 24 août 1785, un plat de pommes de terre est servi à la table du roi. En 1793, la pomme de terre devint un légume révolutionnaire. Ce n'est que vers 1850 qu'elle devint un aliment courant.

Connais-tu bien les patates ?

Il existe dans les Andes plus de 300 variétés de pommes de terre sauvages, mais seulement deux ou trois ont été domestiquées. Sur nos marchés, la Bintje, la Roseval, la BF 15 et la Charlotte sont les plus vendues, mais on connaît plus de 350 variétés de patates en France. Pourtant, au début du XIXe siècle, il n'y en avait que 40 ! Pour être cultivées partout en Europe, ces plantes d'origine tropicale ont dû s'adapter à différentes conditions climatiques et de cultures. Dans chaque région, on a sélectionné les variétés qui poussaient le mieux. Aujourd'hui, on ne cultive que celles qui produisent le plus, au point que certaines variétés ont déjà disparu.

L'avocat, un nouveau légume

Il y a quarante ans, l'avocat, pourtant cultivé depuis 7 000 ans au Mexique, était encore inconnu en France. Il a d'abord été réservé aux jours de fêtes et associé à des aliments précieux comme la chair de crabe. Aujourd'hui, on en importe plus de 10 000 tonnes par an.

Le crosne

Originaire du Japon, ce curieux légume est un tubercule. Il pousse sous la terre. Il doit son nom au village de Crosnes dans les Yvelines, où il a été cultivé pour la première fois en 1882.

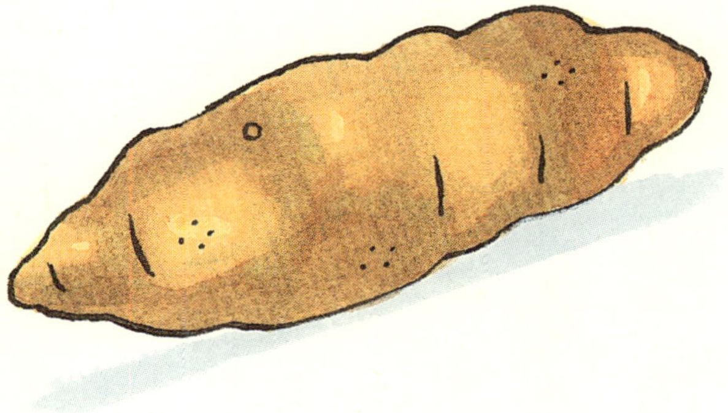

Le topinambour

Découverts au Canada au XVIIe siècle, les tubercules du topinambour plurent immédiatement aux Français. Ensuite, ils furent détrônés par ceux de la pomme de terre. Pendant les périodes de disette de la Seconde Guerre mondiale, ils furent à nouveau consommés. En effet, cette plante, qui appartient à la même famille que les tournesols, s'accommode d'un sol pauvre et peu arrosé.

Le kiwi

Il pousse sur une liane originaire de Chine, qui est cultivée en Nouvelle-Zélande depuis 1910. Il n'est connu en France que depuis vingt ans. À présent, on en récolte 70 000 tonnes chaque année en France, entre novembre et mai.

PRATIQUE

Apprends à bien cueillir les légumes

- Choisis les gousses des petits pois bien pleines mais pas parcheminées, sinon les pois seront durs.
- Cueille les framboises et les myrtilles une à une.
- Cueille les groseilles et les cassis en grappes.
- Cueille les fraises et les framboises mûres à point, car contrairement aux pommes, elles ne peuvent pas mûrir après la récolte.
- Récolte les oignons de préférence le matin en plein soleil, une fois la rosée évaporée. Pour les conserver, laisse-les bien sécher.
- Ne lave pas les carottes, les betteraves et les pommes de terre si tu veux les conserver plus longtemps.

Les légumes et les fruits de demain

Des fraises en toutes saisons, des salades qui poussent sans terre, des tomates qui se conservent pendant des semaines. Grâce à de nouvelles techniques, les scientifiques mettent au point des fruits et des légumes nouveaux. Cela permet souvent de produire plus, parfois d'utiliser moins de produits chimiques, mais bien souvent ces cultures demandent beaucoup de soins et d'énergie. Pour le jardinier, les légumes qui poussent simplement dans son jardin restent les meilleurs.

Des mini-légumes

Des choux-fleurs pas plus gros qu'un poing ou des avocats aussi petits que des cornichons sont des variétés naines ou des légumes cueillis avant qu'ils n'aient eu le temps de grossir.

Du maïs transgénique

Dans ces plantes, des éléments d'autres plantes, de bactéries ou d'animaux ont été introduits au plus profond des cellules. Ce sont des OGM, Organismes génétiquement modifiés, jusqu'ici inconnus dans la nature. Il existe ainsi des melons qui mûrissent moins vite, des fraises qui ne pourrissent pas, des tomates qui se conservent mieux. Comme ces organismes sont nouveaux, on ne sait pas s'ils présentent des dangers pour notre santé, ou celle des plantes et des animaux sauvages et domestiques.

Des plantes sans sol

Des jeunes plants de tomates sont placés dans des rigoles où circule un liquide nutritif. Sous serre chauffée et éclairée, les tomates poussent vite avec juste ce qu'il leur faut d'engrais. Les laitues, les concombres, les melons, les fraises, les aubergines sont aussi souvent cultivés sans sol.

Des fruits sauvegardés

Dans des vergers conservatoires, des arbres portant des variétés anciennes de poires, de pommes ou de cerises sont entretenus. Certains producteurs de semences conservent des graines de légumes rares. Toutes ces plantes sont issues de la sélection patiente faite par les jardiniers au cours des siècles.

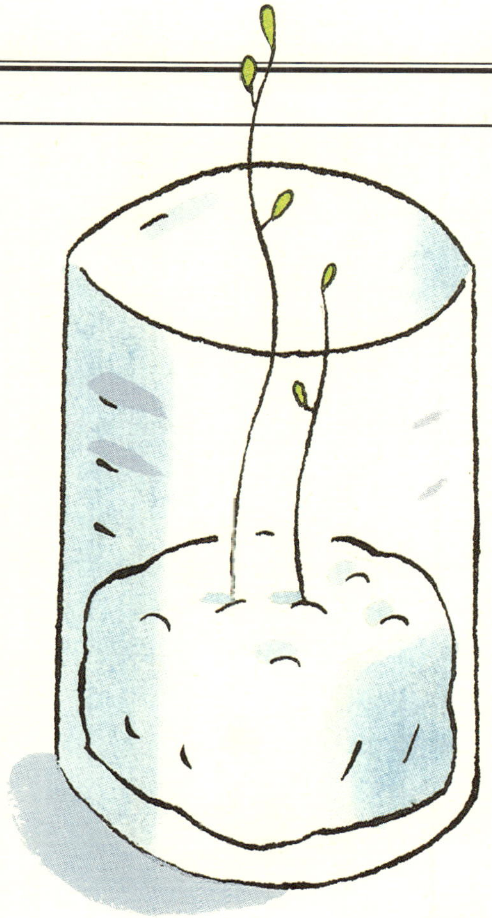

EXPÉRIENCE

Cultive des haricots "hors sol"

Fabrique un pot en coupant une bouteille en plastique. Avec un clou, perce des trous sur les côtés à un centimètre du fond. Pose une couche de coton dans le fond et dépose trois graines de haricot. Arrose-les tous les jours. Au bout de 10 jours, quand les germes auront 2 cm de haut, arrose tes plants avec de l'engrais prêt à l'emploi. Au 18ᵉ jour, place ta plantation près d'une fenêtre. Au bout d'un mois et demi, tes haricots vont fleurir et tu pourras récolter des haricots "hors sol" deux mois après le semis.

Gros mangeurs de légumes

Certaines personnes refusent, pour différentes raisons, de manger de la viande issue d'animaux morts. Ce sont des végétariens qui se nourrissent de végétaux, de céréales, de fruits et de légumes mais aussi de produits prélevés sur des animaux vivants comme les œufs et le lait. Les végétaliens, eux, refusent tous les aliments provenant des animaux. Ce mode d'alimentation est risqué pour la santé. Les nutritionnistes, qui étudient scientifiquement le contenu de notre alimentation, pensent qu'un adulte doit manger 70 à 100 grammes de viande par jour. La ration normale de légumes verts est de 200 grammes par jour, ce qui représente environ 75 kilos par an. Un Français consomme en moyenne 112 kilos de légumes verts et 65 kilos de pommes de terre chaque année. La consommation de légumes frais n'est que de 25 kilos en Asie du Sud-Est, de 22 kilos en Amérique latine et de 13 kilos en Afrique équatoriale par personne et par an.

Adieu, mon chou !

"Si tu sèmes menu, tu récoltes dru." Si tu veux de belles récoltes, ne mets donc pas trop de graines au même endroit. Et puis au lieu de transporter des arrosoirs à tour de bras, passe plus souvent la binette car "un bon binage vaut bien deux arrosages".
Artichaut, chou, navet, asperge, patate, haricot, ou carotte, quel légume aimerais-tu être ? Attention, tous ces légumes ont un visage caché.

Si tu es une asperge
montée en graine,
tu es plutôt
grand et maigre.

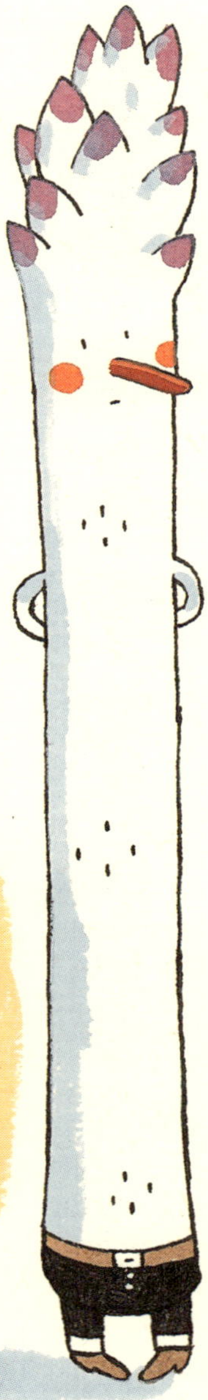

Mais si tu as du sang de navet,
tu manques certainement
de courage et de couleurs aussi.

Si tu fais le poireau, tu risques d'attendre longtemps.

Tu risques aussi
d'en avoir gros
sur la patate,
car tu seras déçu
et chagriné.

Si tu fais tes choux gras, tu t'enrichiras.

Mais si tu fais
chou blanc,
tu auras raté
quelque chose.

Tu n'auras alors plus
un radis, plus un sou.

Tu te retrouveras
dans les choux,
autrement dit
bien pauvre.

Pour toi, les carottes seront cuites
car tout sera fini, perdu.

Ce sera le comble,
la fin des haricots.

Mais heureusement,
avec ton cœur d'artichaut
aux amitiés changeantes...

... tu es vraiment très chou !

Tu vois, les légumes, c'est bête comme chou,
autrement dit, c'est vraiment facile !

Création de la collection
Studio de création
de Repères Communication

Direction artistique :
Isabelle Gibert

Maquette :
Pierre Abeillé

Reproduit et achevé d'imprimer
en juin 2001
par l'imprimerie Clerc
à Saint-Amand-Montrond
pour le compte des éditions
ACTES SUD
Le Méjan
Place Nina-Berberova
13200 Arles

Dépôt légal
1re édition : juin 2001
N° impr. 7623
(Imprimé en France)